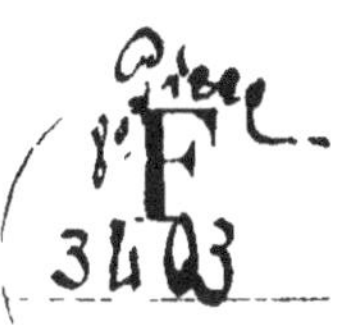

MINISTÈRE DE L'INSTRUCTION PUBLIQUE
ET DES BEAUX-ARTS

LE SACRIFICE
DE LA PROPRIÉTÉ PRIVÉE
À L'UTILITÉ PUBLIQUE

RÉPONSE À LA 6e QUESTION DU PROGRAMME

PAR

M. PASCAUD

CONSEILLER À LA COUR D'APPEL DE CHAMBÉRY
CORRESPONDANT DU MINISTÈRE DE L'INSTRUCTION PUBLIQUE
MEMBRE CORRESPONDANT DE L'ACADÉMIE DE LÉGISLATION DE TOULOUSE
MEMBRE CORRESPONDANT DE L'ACADÉMIE DE STANISLAS DE NANCY
MEMBRE DE LA SOCIÉTÉ DE LÉGISLATION COMPARÉE

Extrait du *Bulletin des sciences économiques et sociales du Comité des travaux historiques et scientifiques*, année 1901

PARIS
IMPRIMERIE NATIONALE

MDCCCCI

LE SACRIFICE
DE LA PROPRIÉTÉ PRIVÉE
À L'UTILITÉ PUBLIQUE

RÉPONSE À LA 6e QUESTION DU PROGRAMME

MINISTÈRE DE L'INSTRUCTION PUBLIQUE
ET DES BEAUX-ARTS

LE SACRIFICE DE LA PROPRIÉTÉ PRIVÉE À L'UTILITÉ PUBLIQUE

RÉPONSE À LA 6e QUESTION DU PROGRAMME

PAR

M. PASCAUD

CONSEILLER À LA COUR D'APPEL DE CHAMBÉRY
CORRESPONDANT DU MINISTÈRE DE L'INSTRUCTION PUBLIQUE
MEMBRE CORRESPONDANT DE L'ACADÉMIE DE LÉGISLATION DE TOULOUSE
MEMBRE CORRESPONDANT DE L'ACADÉMIE DE STANISLAS DE NANCY
MEMBRE DE LA SOCIÉTÉ DE LÉGISLATION COMPARÉE

Extrait du *Bulletin des sciences économiques et sociales du Comité des travaux historiques et scientifiques*, année 1901

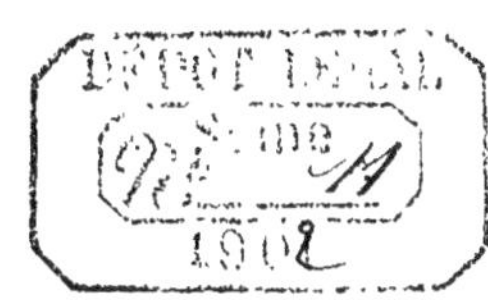

PARIS
IMPRIMERIE NATIONALE

MDCCCCI

LE SACRIFICE
DE LA PROPRIÉTÉ PRIVÉE.
À L'UTILITÉ PUBLIQUE

RÉPONSE À LA 6e QUESTION DU PROGRAMME.

I

L'homme n'est pas seulement un être individuel : il constitue en même temps un être social, si l'on peut s'exprimer ainsi, vivant dans la société dont il est membre, et qui lui garantit certains droits et certains avantages qu'elle seule peut lui assurer efficacement. Mais, parfois, son intérêt particulier se trouve en conflit avec l'intérêt général; son droit personnel peut faire échec aux besoins et même aux droits de la communauté. Y a-t-il lieu, dans cette éventualité, de sacrifier la propriété privée à l'utilité publique?

Rien, en somme, au point de vue des principes, ne paraît plus légitime que ce sacrifice : il ne saurait, en effet, dépendre de la volonté d'un seul, sous le prétexte qu'il a un droit, de paralyser la volonté de tous lorsqu'elle réclame non pas dans un intérêt privé, mais dans l'intérêt général, des entreprises, améliorations ou travaux quelconques utiles qui ne peuvent s'effectuer sans porter atteinte à la propriété individuelle. N'est-il pas rationnel, d'ailleurs, que l'individu à qui la collectivité confère la possession de tant d'avantages personnels lui abandonne, par compensation, quelques-uns de ses droits? C'est dans le sens de l'affirmative que la question a été résolue depuis des siècles par les peuples les plus divers, et comme il faut que le droit individuel ne puisse opposer au droit collectif d'injustifiables résistances, on a dû armer l'État, en sa qualité de représentant autorisé de la société, de moyens de contrainte suffisants pour triompher de l'égoïsme, du mauvais vouloir et de l'opiniâtreté des individus, à la condition, toutefois, que l'usage en serait subordonné au dédommagement que comportent les sacrifices privés.

De là les lois sur l'expropriation pour cause d'utilité publique dont l'application est aujourd'hui universelle. Si, dans l'antiquité, l'expropriation, notamment chez les Hébreux et les Grecs, n'était pas connue, il paraît démontré qu'à Rome elle a existé à partir du IVe siècle de l'ère chrétienne. Au moyen âge en France, en Allemagne dès le XIVe siècle, on trouve l'expropriation pour cause d'utilité publique plus ou moins bien réglementée.

Chez nous c'est surtout le droit intermédiaire qui l'a organisée. Actuellement elle fait partie intégrante de la législation des nations civilisées qui n'admettent pas, pour la propriété, le domaine éminent de l'État ou du souverain, comme la France, la Belgique, l'Autriche-Hongrie, l'Espagne, le Portugal, l'Italie, la Suisse, la Grande-Bretagne. la Russie, les États-Unis de l'Amérique du Nord, l'Amérique hispano-latine, etc.

Mais si l'utilité publique doit l'emporter sur le droit individuel, on ne doit pas sacrifier ce dernier sans tenir compte, ainsi que nous l'avons laissé entendre ci-dessus, à celui qui le possède de son étendue et de sa valeur équitablement appréciées, qu'il s'agisse de la propriété ou de ses démembrements, sans lui attribuer une juste et proportionnelle compensation. C'est bien ainsi qu'ont procédé les lois étrangères et les nôtres, tout au moins en ce qui concerne la pleine propriété. Dans certains États l'indemnité est réglée par voie administrative, tandis que chez nous et chez un certain nombre de peuples, c'est l'autorité judiciaire seule qui statue. Ce dernier système présente assurément plus de garanties pour les intérêts privés, que ce soient les tribunaux ou même un jury spécial qui soient chargés d'allouer l'indemnité.

Il y a lieu de se préoccuper, sous le rapport économique, des conséquences et des répercussions que peut produire l'accomplissement des formalités à remplir jusqu'au règlement de l'indemnité des ayants droit. Si elles sont d'une longueur et d'une complication trop grandes, elles auront l'inconvénient de constituer un obstacle aux améliorations agricoles ou purement immobilières, une entrave à la production générale ainsi qu'à la libre circulation des biens fonciers. A ces maux funestes il est possible de remédier en abrégeant les délais de la procédure d'expropriation, et en édictant contre leur violation des sanctions assez énergiques pour qu'on puisse espérer que la propriété ou ses démembrements ne resteront pas trop longtemps plus ou moins en suspens et dans un état d'incertitude exclusif de tout progrès actuel et défavorable à la transmission libre des biens. Ce sont là des points de vue qui intéressent au plus haut degré les intérêts généraux d'un pays.

Notre législation, à ces divers égards, comporte-t-elle toutes les garanties qu'exigent le respect de la propriété privée et les saines doctrines économiques? C'est ce dont on est fondé à douter quand on étudie nos lois sur l'expropriation ordinaire pour cause d'utilité publique, sur l'expropriation d'urgence, sur la mainmise du pouvoir, pour l'élargissement des chemins vicinaux, sur la propriété privée, et enfin sur les servitudes d'utilité publique.

Le cycle dans lequel nous allons évoluer est assez vaste pour que nous négligions, en général, les développements historiques. Il importe, en effet assez peu, pour la solution des questions dont nous nous occupons, que nous insistions longuement sur la législation antérieure concernant l'expropriation pour cause d'utilité publique. Puisqu'elle a été remplacée par la loi du 3 mai 1841, c'est de cette dernière seule que nous avons à signaler les imperfections, c'est également d'elle que nous proposerons la réforme sur certains points.

Qu'est-ce tout d'abord que l'expropriation pour cause d'utilité publique? Malgré le danger auquel toute définition peut donner lieu, nous croyons devoir la définir ainsi : c'est la transmission légale et forcée, en vertu d'un acte du pouvoir exécutif ou législatif, soit à l'État, soit à une entreprise publique ou privée que celui-ci se substitue dans l'intérêt général, après déclaration d'utilité publique, de droits immobiliers au sacrifice desquels leur propriétaire est obligé, moyennant une équitable indemnité soit préalable, soit postérieure à sa dépossession. L'expropriation relève ainsi du droit public et administratif dans son principe et ses formalités initiales, la déclaration d'utilité publique, les enquêtes, les arrêtés préfectoraux, etc., et du droit privé et civil dans la phase ultérieure de la procédure comprenant le jugement qui prononce l'expropriation, ainsi que la décision qui alloue l'indemnité, lesquels ressortissent à l'autorité judiciaire. La nature mixte de la procédure à fin de dépossession du propriétaire n'est pas une des moindres difficultés qu'on rencontre en cette matière pour en améliorer la réglementation légale.

Les conditions que doit réunir toute expropriation pour être régulière sont : l'utilité publique, la dépossession forcée et obligatoire et sa restriction aux objets indispensables pour la réalisation du but qui la motive, l'allocation d'une indemnité soit préalable, soit postérieure à l'éviction du propriétaire.

Le Code civil (art. 548), la loi du 3 mai 1841 en France, la constitution de 1831 en Belgique, la loi de 1865 en Italie, la loi du 10 janvier 1879 en Espagne, le Code civil (art. 365) et la loi du 13 février 1878 en Autriche, la loi du 10 juin 1874 en Prusse sont unanimes à proclamer la nécessité de cette condition d'utilité publique. Il en est de même de la législation en vigueur dans la Russie, en Angleterre, en Danemark, Roumanie, Serbie, au Brésil, dans la Confédération Argentine, les États-Unis, les Républiques hispano-américaines, l'Australie, le Japon, etc., bref, dans tout le monde civilisé. En Suisse, la constitution fédérale de 1874 admet l'expropriation dans l'intérêt de la Confédération ou d'une grande partie du pays. Les lois cantonales lui donnent pour base tantôt l'utilité publique, tantôt l'intérêt commun, tantôt le bien général. Il ne faut pas, du reste, attacher plus d'importance que de raison à la diversité d'expressions qui, après tout, ont une même signification. Nous ne voyons que la Grèce où l'expropriation soit admise avec plus de restriction : pour cause de nécessité publique. Il en résulte à l'évidence que tous les travaux d'embellissement, d'agrément, s'ils ne sont pas indispensables, ne peuvent donner lieu à une expropriation dans ce pays.

Mais, à part le cas tout spécial à la Grèce, il semble que dans les autres États la notion d'utilité publique englobe dans ses termes si compréhensifs les entreprises et travaux quelconques comme constructions, percements des rues, établissements de promenades, de squares, etc., qui sont destinés à renouveler et à assainir les localités, à procurer plus d'air, de lumière, d'agrément et d'embellissement dans l'intérêt des populations. Ce dont il faut bien se garder, c'est, sous couleur d'intérêt public, d'exproprier en vue de favoriser des intérêts privés, abus qui n'est pas sans exemple et contre lequel on ne saurait trop énergiquement réagir.

A quelle autorité doit appartenir la déclaration d'utilité publique? C'est tantôt à la loi seule, tantôt à l'autorité administrative exclusivement, tantôt à toutes les deux qu'elle est dévolue. En Angleterre, en Danemark, dans la plupart des États de l'Amérique du Nord, dans la Confédération Suisse et dans nombre de cantons, Genève, Berne, Argovie, le Tessin, les Grisons, Saint-Gall, une loi est nécessaire pour déclarer l'utilité publique. D'autres cantons suisses, s'inspirant de cette idée que la déclaration d'utilité publique et la concession du droit d'exproprier qui en est le corollaire constituent des actes de pure administration, estiment que l'autorité administrative seule doit la prononcer. Ce principe est en vigueur à Zoug, à Schaffouse et à Nidewald. La loi prussienne de 1874, la loi wurtembergeoise du 20 décembre 1888, la loi bavaroise de 1887 admettent également la compétence de l'autorité administrative pour la déclaration d'utilité publique. En Autriche, c'est le Ministre du commerce qui fait cette déclaration (loi du 18 février 1878); en Hongrie, c'est le Ministre des travaux publics, sauf disposition contraire des lois spéciales (loi du 30 août 1881).

En France, l'article 3 de la loi du 3 mai 1841 dispose que la déclaration d'utilité publique résulte d'une loi ou d'un décret, selon les cas. Assurément le législateur, en exigeant l'intervention de la loi, a cru donner aux futurs expropriés toutes les garanties désirables. Une loi, en effet, s'élabore dans les ministères, puis dans les commissions parlementaires, se discute en séance publique des Chambres, s'amende et se modifie au cours des débats, et il y a lieu d'espérer que tous les droits, tous les intérêts peuvent y être librement défendus. Cela est peut-être vrai lorsque l'expropriation à intervenir après la déclaration d'utilité publique a une importance assez considérable pour solliciter l'attention non seulement des intéressés directs, mais encore de beaucoup de monde; cela cessera d'être exact si elle est réduite aux proportions d'une petite affaire locale. D'autre part, il peut arriver qu'une déclaration d'utilité publique, à raison des gros intérêts qu'elle met en jeu, des personnes et des localités qu'elle concerne, du prix qu'attache à la réalisation ou à l'échec de la future expropriation l'État ou un parti politique, se présente au Parlement dans des conditions de nature à fausser le vote qui doit être consciencieux et indépendant. Où seront les garanties que la déclaration à faire réunira toutes les qualités d'opportunité et de régularité requises?

D'ailleurs, l'intervention législative est un procédé d'une lenteur excessive, et il a, en outre, l'inconvénient de n'attribuer aux intéressés aucune voie de recours contre des erreurs toujours possibles. Or, il n'est pas besoin d'insister à cet égard, une telle garantie est indispensable.

Ces raisons diverses nous font préférer la compétence administrative, pourvu, toutefois, qu'il puisse y avoir contre elle et les abus auxquels elle peut être entraînée des recours que notre législation n'admet pas actuellement. Aujourd'hui la déclaration d'utilité publique peut être prononcée par décret, et ce décret, aux termes de la jurisprudence, est susceptible d'être attaqué devant le Conseil d'État pour excès de pouvoir lorsqu'il y a inobservation des formes prescrites par les lois et règlements. Ce recours devrait également être recevable, contrairement à la pratique du jour, lorsque la déclaration d'utilité publique aurait porté sur un objet autre que ceux qui peuvent donner lieu à cette mesure. Il ne s'agit pas là, en effet, de l'appréciation, dans un intérêt public, de l'utilité du travail qui va motiver l'expropriation, et qui est un acte d'administration pure échappant au contrôle du Conseil d'État; il y a lieu simplement de décider si les objets, dont l'expropriation sera ultérieurement poursuivie, ont été légalement compris dans la déclaration d'utilité publique. Cette réforme peut donc être accueillie sans ébranler les principes généraux de notre droit administratif, bien que son efficacité doive être le plus souvent douteuse. Comme aucune disposition de nos lois ne détermine les travaux qui peuvent être d'utilité publique et que, d'autre part, le Conseil d'État est incompétent pour apprécier au fond et en fait l'utilité du travail à exécuter, il est à craindre que trop souvent l'excès de pouvoir ne soit insaisissable. En admettant qu'on puisse le constater, comme le recours n'est pas suspensif, il arrivera fréquemment que l'arrêt interviendra trop tard, lorsque l'expropriation sera déjà consommée. Si l'on veut accorder une garantie utile, il faut donc donner au pourvoi un caractère suspensif et dire, en outre, qu'il devra être formé dans le mois qui suivra la déclaration d'utilité publique.

Le recours pour excès de pouvoir étant manifestement insuffisant, on ne doit pas hésiter, selon nous, à conférer aux intéressés le recours contentieux. Vainement prétendra-t-on que la déclaration d'utilité publique est un acte de pure administration qui ne peut être attaqué que par la voie gracieuse en demandant sa rétractation aux dépositaires de l'action administrative. C'est là une interprétation beaucoup trop stricte des principes applicables en la matière. Le futur exproprié n'a-t-il pas un droit incontestable à ce que l'inobservation de la loi, qui lui cause un préjudice parce que sa propriété va lui être enlevée, soit réprimée, alors que sa dépossession ne semble pas justifiée par l'intérêt général et l'utilité publique, qu'on le sacrifie, par exemple, à des intérêts privés et puissants, au désir qu'une ville, une commune ou l'État peuvent avoir d'acquérir des terrains qu'ils revendront avec un gros profit? Cela paraît hors de doute; le droit, en cette espèce, consiste à ne pas être sous le coup d'une dépossession dont le principe va être irrévocablement déterminé par la déclaration d'utilité publique.

Sans doute, on ne saurait admettre le recours contentieux contre tous les actes d'administration : cette doctrine ne tendrait à rien moins qu'à empêcher d'administrer le pays. Mais, à supposer même que la déclaration d'utilité publique n'ait pas le caractère que nous venons d'indiquer, ce serait encore le cas d'attribuer aux intéressés le recours que nous réclamons pour eux. L'acte d'administration dont il s'agit est, en effet, trop grave en ses conséquences, trop fécond en résultats préjudiciables, pour qu'on fasse comprendre à d'autres qu'à des juristes qu'un recours contre lui est inadmissible. Certes, il ne faut pas rendre l'administration impossible, mais il ne faut pas davantage créer à l'administré une situation inique et désastreuse, sous peine de provoquer la désaffection des populations désireuses d'obtenir justice, que des subtilités juridiques empêchent d'y parvenir.

Ce recours est d'autant plus nécessaire que, plus tard, lorsqu'il s'agira de prononcer l'expropriation, l'autorité judiciaire sera sans qualité, elle aussi, pour apprécier le mérite de la déclaration d'utilité publique. Si elle s'estimait compétente, elle commettrait assurément une violation du principe de la séparation des pouvoirs. Du reste, dans la discussion de la loi du 3 mai 1841, le rapporteur de la Chambre des pairs s'est expliqué nettement sur l'impossibilité où se trouveraient les tribunaux d'examiner au fond si les travaux exécutés étaient véritablement exigés par l'utilité publique : «Les formes, a-t-il dit, ont-elles été observées, les garanties imposées par la loi respectées? C'est une question qui est assurément du ressort des tribunaux, mais est-ce à dire que l'autorité judiciaire pourra empiéter sur l'autorité administrative et que les pouvoirs publics seront confondus? Nullement. La vérification imposée aux tribunaux n'est pas une vérification de fond, mais de forme. Le juge ne peut pas changer, modifier les arrêtés du préfet.»

Il est donc indispensable d'instituer au profit des intéressés le recours contentieux contre les décrets déclarant l'utilité publique; ce recours, pour les motifs ci-dessus déduits au sujet de l'excès de pouvoir, doit être suspensif et se former dans le mois qui suivra la notification du décret.

Plutôt que de laisser les intérêts privés sans défense contre les déclarations d'utilité publique qui leur porteraient préjudice, ne faudrait-il pas faire appel à une autre solution qui substituerait à l'autorité administrative, voire même au pouvoir législatif, l'autorité judiciaire? Nous ne connaissons qu'un seul exemple de cette substitution, c'est l'Espagne qui nous l'a fourni.

si les documents dont nous disposons sont exacts, et cela dans sa constitution de 1869 abrogée en 1876. Sans méconnaître qu'en général l'autorité administrative a plus de facilités, plus d'aptitudes pour apprécier l'utilité publique de tel travail ou de telle entreprise donnés que n'en posséderait l'autorité judiciaire, il ne nous paraît pas impossible de saisir et de déterminer les éléments de la compétence des tribunaux. Tout se tient en matière d'expropriation : la déclaration d'utilité publique n'est, en somme, que le prologue d'une dépossession de la propriété dont le jugement d'expropriation et le jugement de l'indemnité constituent l'épilogue. Entre ces diverses opérations, il y a un lien de connexité manifeste; on pourrait dire jusqu'à un certain point une sorte d'indivisibilité. Dès lors, au point de vue des principes, rien ne s'opposerait à ce que les juridictions civiles qui sont investies de la mission légale d'assurer le respect et la protection de sa propriété, de trancher toutes les questions qui l'intéressent, fussent chargées du soin de déclarer l'utilité publique.

Nous estimerions, toutefois, qu'il y aurait lieu d'abréger les lenteurs que comportent les instances civiles. A cet effet, nous admettrions que la déclaration d'utilité publique, qui aujourd'hui est préalable, ne devrait jamais avoir lieu que postérieurement à la désignation des localités et territoires où s'effectuerait l'expropriation, à l'indication des parcelles qu'il s'agit d'exproprier, à la confection des plans parcellaires, à l'exécution des enquêtes et autres mesures prescrites par les articles 4 et suivants de la loi de 1841. Le président du tribunal, ou le juge qui le remplacerait, saisi par le parquet auquel les autorités administratives adresseraient leur demande, sur une requête à lui présentée par le ministère public, procéderait alors à l'accomplissement de toutes les formalités, et serait investi du droit de rendre toutes ordonnances et de prendre toutes mesures d'instruction nécessaires. Puis, le tribunal, statuant d'urgence, comme en matière sommaire, sur le rapport du magistrat chargé d'instruire l'affaire et sur les conclusions du procureur de la République, prononcerait à la fois la déclaration d'utilité publique et l'expropriation. Le pourvoi en cassation devrait être interjeté dans le délai d'un mois à partir de la notification par lettre recommandée aux intéressés d'un extrait de jugement en ce qui les concerne. La cour suprême statuerait dans le mois qui suivrait l'arrivée des pièces au parquet du procureur général. Comme sanction de l'observation stricte de ces divers délais, il y aurait lieu d'édicter que la procédure antérieure aux irrégularités commises tout entière serait considérée comme non avenue.

Ce système aurait de sérieux avantages, et nous le croyons, sous le rapport juridique, parfaitement soutenable. En fait et dans la pratique, grâce surtout à la réunion du prononcé de la déclaration d'utilité publique et de l'expropriation dans une seule et même décision, il ne paraît pas devoir comporter des lenteurs excessives.

Mais revenons au mode de procéder de la législation française actuelle. Après la déclaration d'utilité publique, lorsque la loi ou le décret n'ont pas désigné les localités ou territoires dans lesquels doivent s'exécuter les travaux, c'est le préfet qui, par arrêté, procède à cette désignation. Le préfet est également chargé de déterminer les parcelles particulières soumises à l'expropriation. De même que nous avons attribué aux intéressés un secours contentieux devant le Conseil d'État contre la déclaration d'utilité publique, de même nous le leur accordons contre ces sortes d'arrêtés préfectoraux dans des conditions identiques et avec les mêmes délais.

L'expropriation doit entraîner la dépossession forcée. S'il n'en était pas ainsi, il n'y aurait pas expropriation. On se trouverait en présence d'une vente, d'une donation, d'une convention amiable quelconque de droit commun, dans lesquelles l'abandon de la propriété résulterait non pas d'une disposition spéciale de la loi, mais bien du libre accord des parties dont l'une consentirait à accepter ce que l'autre consentirait à lui transférer.

Une autre condition essentielle en matière d'expropriation, c'est la restriction de la dépossession des propriétaires aux proportions nécessaires pour réaliser le but d'intérêt général que l'on poursuit. C'est l'utilité publique seule qui légitime l'expropriation. Si elle est prononcée en vue d'intérêts particuliers, pour favoriser les spéculations soit de l'entrepreneur, soit de l'État, soit du département ou de la commune qui revendent avec profit les parcelles non utilisées, elle cesse de réunir les conditions légales exigées pour sa régularité. C'est un de ces abus trop fréquents auxquels donnent lieu l'inobservation de notre législation générale ou l'application extensive de certaines lois spéciales, et contre lesquels il est urgent de réagir.

Ceci nous amène à parler de ce qu'on a appelé le droit d'extension de l'entrepreneur. Si l'exproprié, malgré le droit qu'il possède de requérir l'expropriation intégrale de l'immeuble morcelé, se refuse à le faire, il peut arriver que l'entrepreneur se trouve obligé de lui payer une somme relativement considérable pour la dépréciation que subit la parcelle non expropriée. De là peut résulter un préjudice sérieux qui nuirait au succès de son entreprise, et c'est ce qui explique que, pour remédier au danger qu'il court, la loi lui ait conféré la faculté de requérir l'expropriation totale. Certes, il y a là une évidente dérogation au principe en vertu duquel l'expropriation ne doit s'étendre qu'à ce qui est nécessaire à l'exécution des travaux qui l'ont motivée. A ce point de vue, elle est critiquable sans contredit; elle peut toutefois paraître excusable si l'on considère le but que sans doute s'est proposé le législateur : éviter un préjudice à l'entrepreneur et prévenir le morcellement excessif de la propriété foncière dans un intérêt économique. Ces motifs ne suffisent pas néanmoins pour légitimer les pratiques abusives auxquelles se sont livrés les expropriants de toute sorte pour battre monnaie avec les parcelles restantes des fonds expropriés.

C'est ainsi que la loi de 1841, n'imposant aucunes limites au droit d'extension de l'entrepreneur par la détermination d'une quotité *minima* de préjudice subi nécessaire pour l'exercer, on a vu lui attribuer bien irrégulièrement le bénéfice d'expropriations intégrales, alors que les dommages dont il excipait étaient sans importance. D'autres lois aussi ont produit des conséquences plus illégales encore : pour des motifs fiscaux ingénieusement dissimulés sous des prétextes de salubrité publique, on a accordé à l'État pour les constructions de routes, l'élargissement et le redressement des rues, un droit d'extension exorbitant qu'il peut exercer quand l'autorité administrative trouve les parcelles restantes insuffisantes pour y élever des constructions salubres et commodes. Cela résulte de la loi du 13 avril 1850 sur la salubrité publique, qui autorise les communes à exproprier toute une zone d'immeubles et à vendre aux enchères publiques les parcelles demeurées inutilisées, sans que les anciens propriétaires soient fondés à les revendiquer. Un décret de 1852, spécial à Paris, confère à l'administration le droit d'expropriation sur toutes les parcelles foncières qui se trouvent en dehors des lignes droites tracées dans les rues de la ville. Ces parcelles *hors ligne*, impropres à l'établissement de constructions salubres, sont réunies aux propriétés voisines soit à l'amiable, soit au moyen d'une expropriation; puis le tout est vendu aux enchères publiques.

A ces abus il est temps de porter remède. Pour cela nous n'irons pas jusqu'à supprimer, mais seulement jusqu'à modifier sérieusement le droit d'extension de l'entrepreneur. La loi prussienne de 1874, respectueuse du droit de propriété plus que notre législation, en a édicté l'abrogation pure et simple. Les lois de Bade (15 juin 1835), du Brunswick (13 septembre 1867), de Lubeck (21 mai 1870) accordent le droit d'extension à l'entrepreneur quand la moins-value atteignant la partie restante excède le quart de sa valeur primitive. En Angleterre (acte de 1845), l'entrepreneur ne possède le droit d'extension que quand un fonds impropre à la construction et ne se trouvant pas dans la banlieue de la ville est morcelé de telle manière, par suite de l'exécution d'une entreprise publique, qu'il n'en reste que des parcelles d'une étendue inférieure à un demi-*statut acres*. Ce droit d'extension s'applique également lorsque les parcelles restantes sont si exiguës que leur valeur descend au-dessous des dépenses qui incomberaient à l'entrepreneur pour les aménager et les relier entre elles par un pont ou par d'autres moyens de communication. La loi fédérale suisse du 1er mai 1850 dispose que si, pour obtenir la cession d'un droit, on est obligé, à raison de la valeur des biens dont ce fonds est détaché, de payer à l'exproprié plus du quart du montant de la valeur totale desdits biens, l'entrepreneur peut en exiger la cession intégrale, moyennant une indemnité pleine et entière.

Cette dernière limitation du droit d'extension de l'entrepreneur nous paraît suffisante pour obvier aux inconvénients dont nous pâtissons en France, et il y a lieu de l'adopter.

Un autre moyen qui serait aussi de nature à restreindre les droits de l'entrepreneur, ce serait la faculté de revendication par les propriétaires anciens ou leurs ayants cause, moyennant le payement du prix et des frais, des parcelles inutilisées par l'expropriant. Ce droit est bien consacré chez nous par la loi de 1841, mais il ne peut s'exercer à l'égard des fonds expropriés dans des quartiers insalubres d'après la loi de 1850. Cette exception n'a pas, à notre sens, une suffisante raison d'être, nous l'abolirions donc.

Il est d'autres cas encore où le droit de revendication doit être conféré à l'exproprié, car il faut reconnaître que chez nous l'étendue de ce droit est imparfaitement réglementée, et qu'il en résulte de sérieux inconvénients au point de vue économique. L'expropriant affecte l'immeuble exproprié à une destination différente de celle pour laquelle avait eu lieu l'expropriation. Est-ce que le propriétaire ne devrait pas être en droit de le revendiquer moyennant le remboursement de l'indemnité qui lui a été payée, et cela sans convocation du jury ou fixation d'un prix amiable comme l'exige la loi? Nous l'admettrions volontiers, car cette faculté serait de nature à refréner les exagérations du droit d'extension. Ainsi, il peut arriver que, sans raison appréciable, l'expropriant tarde à commencer les travaux pendant des mois, même pendant des années, ou qu'enfin il s'abstienne d'exécuter l'entreprise en vue de laquelle l'expropriation a été réalisée. On entrevoit aisément les conséquences d'une telle incurie : durant une période plus ou moins longue, la propriété qui repose sur la tête de l'expropriant reste improductive de son chef, puisqu'il n'en fait pas usage; elle ne l'est pas moins du chef de l'ancien propriétaire qui demeure paralysé parce qu'aucun délai n'est imparti à l'entrepreneur, surtout s'il s'appelle l'État, pour l'exécution des travaux qui ont motivé l'expropriation. Nous n'avons pas besoin d'insister sur les graves inconvénients économiques qui dérivent d'une telle situation ; la propriété se trouve ainsi frappée de stérilité, alors que l'intérêt général exige que sa productivité soit constante et ininterrompue. Il est donc nécessaire qu'un délai soit imparti à l'entrepreneur pour le commencement des travaux ; si dans l'année qui suit la prise de possession l'expropriant ne les a pas commencés, l'ancien propriétaire aura le droit d'exercer l'action en revendication, et même si celui-ci reste inactif, on devra admettre qu'au regard de l'entrepreneur, après une mise en demeure administrative, l'expropriation sera réputée non avenue.

Parmi les formalités préalables au jugement d'expropriation et au règlement de l'indemnité, la plupart paraissent suffisantes pour la garantie des droits des intéressés. Toutefois il y a lieu de reconnaître que le délai accordé pour faire prononcer l'expropriation et le renvoi de l'affaire devant le jury, un an à partir de l'arrêté du préfet désignant les parcelles à exproprier, est beaucoup trop long. Le propriétaire a bien sans doute la plénitude de ses droits sur l'immeuble qui doit être ultérieurement exproprié, il peut le vendre, mais s'il y veut réaliser des améliorations, on ne lui en tiendra pas compte dans le règlement de l'indemnité; d'après notre législation, sous le rapport économique donc, cette situation est mauvaise. Pour la modifier, nous ne voyons qu'un moyen : réduire le délai de prononciation de l'expropriation à six mois, et en cas d'inobservation de cette règle, déclarer nulle la procédure antérieure. L'indemnité doit être préalable et non postérieure à la prise de possession de l'expropriant. Ainsi le décide l'article 545 de notre Code civil, ainsi l'a décidé également la presque unanimité des législations étrangères. La loi de 1841 a cependant modifié la règle applicable sur ce point. Il est vrai que l'ancien propriétaire, l'usufruitier, le locataire peuvent retenir la possession des propriétés expropriées et en percevoir les fruits pour obvier à la négligence de l'expropriant. Mais que deviendront ces propriétés jusqu'à la convocation du jury ? Il est évident qu'elles ne peuvent que péricliter. Ce n'est ni l'expropriant, ni l'exproprié qui peuvent y faire des améliorations pendant cette période transitoire, puisque l'un n'est qu'imparfaitement propriétaire, gêné qu'il est par le droit de rétention que la loi confère à l'autre, et puisque cet autre n'a plus du tout cette qualité de propriétaire. L'ancien propriétaire ne nous paraît même pas autorisé à vendre son immeuble, car il n'a sur lui que des droits précaires. Si, d'autre part, il y faisait des travaux de nature à l'améliorer, on ne manquerait pas de lui dire qu'il les a exécutés dans le but d'obtenir une indemnité plus forte, et qu'il n'a pas le droit de la réclamer (art. 60, loi du 3 mai 1841). Le législateur a sans doute compris cet intérêt économique en fixant des délais assez courts pour la convocation du jury par l'administration. C'est fort bien, mais nous ne voyons pas de sanction applicable à l'inobservation de ces prescriptions légales, ce qui nous paraît cependant indispensable. Nous demandons donc que, faute de convocation par le préfet, d'accord avec le magistrat directeur, du jury dans les délais légaux, l'expropriation soit considérée comme non avenue.

Il faut que l'indemnité soit payée en argent. En bonne justice, elle doit comprendre la valeur vénale de l'immeuble exproprié, la dépréciation que subit le reste de la propriété par suite du morcellement, la privation des fruits civils ou matériels, le rétablissement des moyens de communication et de clôtures, les frais d'actes judiciaires, le montant des dommages-intérêts que peut devoir le propriétaire à l'usufruitier, au fermier lorsqu'ils ne réclament pas eux-mêmes une indemnité personnelle. Il y a lieu de prendre en considération la valeur de convenance, mais ce serait dépasser toute mesure que de tenir compte de la valeur d'affection. N'oublions pas, en effet, que nous sommes dans le domaine des affaires qui est exclusif de toutes questions de sentiment.

Y a-t-il lieu de précompter dans le règlement de l'indemnité à intervenir la plus-value qui peut résulter des travaux à effectuer? Ce point est assurément délicat à résoudre. Il semble qu'en bonne justice on doit tenir compte de la plus-value dans une mesure modérée.

Il est cependant des pays où on ne la prend pas en considération. Les législations allemandes, à l'exception de deux ou trois, l'excluent complètement du règlement de l'indemnité comme contraire à l'équité et aux principes constitutionnels. Il en est de même en Russie, en Autriche (loi du 18 février 1878), en Hongrie (loi du 31 mai 1881), en Suisse (loi fédérale du 1er mai 1850). Cette dernière loi néanmoins admet le calcul de la plus-value dans les pays où, par suite de l'entreprise, l'exproprié se trouve affranchi de charges spéciales qui lui incombaient auparavant. Quelques cantons : Argovie, Berne, Schaffouse, Glaris, Schwitz, Obwald adoptent la doctrine de la loi fédérale.

D'autres lois cantonales, celles de Fribourg, Uri, se prononcent pour la compensation illimitée lorsqu'elle est spéciale au fonds. Les cantons de Thurgovie et de Neufchâtel admettent que la plus-value même non immédiate et spéciale doit entrer dans le calcul de l'indemnité, mais la compensation n'est possible que pour la partie de cette indemnité destinée à réparer le préjudice indirect. D'autres lois relatives à l'extension des villes, notamment à Lucerne, Bâle-Ville, Zurich, Genève, à ce point de vue spécial, compensent la plus-value avec l'indemnité dans une large proportion. Les lois anglaises, la loi italienne de 1865 adoptent cette compensation dans tous les genres d'expropriation. Aux États-Unis, les lois de divers États font entrer la plus-value dans le calcul de l'indemnité, les unes intégralement, les autres seulement quand il résulte de l'expropriation un avantage particulier pour l'exproprié, et non lorsque la plus-value a une portée générale.

En France, la loi du 16 septembre 1807 édicta la compensation entre l'indemnité due au propriétaire pour des terrains expropriés et l'augmentation de valeur que l'entreprise devait donner aux terrains qui lui restaient. La loi de 1833 disposa ensuite que les seules plus-values immédiates et spéciales *pourraient* être prises en considération dans la fixation de l'indemnité. Survint la loi du 3 mai 1841 qui convertit en obligation (art. 51) ce qui n'était qu'une faculté d'après la législation précédente. Aussi le jury établi par cette même loi a-t-il cru tout d'abord devoir admettre la compensation intégrale, ou n'allouer que des indemnités dérisoires. (Voir arrêts de cassation du 28 février 1848 et du 23 avril 1859.) Il est vrai, qu'ainsi que nous l'allons voir, il a singulièrement modifié depuis ce temps sa manière de procéder.

Selon nous, la compensation, lorsqu'elle est immédiate et spéciale, doit entrer dans le calcul de l'indemnité, mais à cette double condition, que les travaux effectués d'où résulte la plus-value ne soient pas exécutés à une distance de plus de trois cents mètres de l'immeuble qui bénéficie d'une augmentation de valeur, et que cette augmentation elle-même ne soit pas comptée pour plus du quart. Autrement on arriverait à des résultats iniques, à la compensation illimitée de la plus-value avec l'indemnité, au grand préjudice du propriétaire qui ne toucherait rien pour la dépossession qu'il subirait.

L'institution du jury d'expropriation ne fonctionne qu'en France, en Angleterre, et aussi dans quelques États de l'Amérique du Nord, si nous ne nous trompons. Toutes les autres législations adoptent, pour le règlement de l'indemnité, l'expertise administrative. De nos jours, chez nous le jury est loin d'avoir persisté dans les errements que nous signalions ci-dessus; au lieu de diminuer les indemnités sous le prétexte de la compensation des plus-values, il les exagère notablement, de telle manière que souvent l'expropriant ne peut plus à l'avance se rendre un compte approximatif suffisant des sommes qu'il aura à payer. Aussi en a-t-on fait un sujet de griefs contre cette juridiction spéciale. Des publicistes, des projets de loi présentés au Parlement depuis quelques années ont même proposé sa suppression.

Faut-il l'admettre? Il a pu se produire des abus assurément, mais actuellement ils sont moins fréquents et moins graves que précédemment. On n'abolit pas d'un trait de plume une juridiction qui est entrée depuis soixante ans dans nos mœurs, et qui présente incontestablement des garanties d'indépendance et d'impartialité qu'on rencontrerait moins facilement ailleurs. Le jury a-t-il donc, d'ailleurs, eu tous les torts, et l'administration ne lui rend-elle pas des points à cet égard? C'est souvent elle qui complique la situation en ne sachant pas faire en temps utile les sacrifices nécessaires pour obtenir des conventions amiables. Dans bien des cas, elle formule des offres insuffisantes, bien inférieures à la valeur de l'immeuble qui doit être exproprié. Il en résulte que le propriétaire qui est soumis à une dépossession, quel que soit l'ennui qu'il éprouve parfois à se présenter devant le jury, s'y résout parce qu'il ne veut pas être trop exploité. De son côté le jury, lorsqu'il a connaissance des sommes dérisoires que trop souvent propose l'administration, ne peut s'empêcher de blâmer ses agissements, d'y voir des manœuvres regrettables tendant à dépouiller l'exproprié de son immeuble sans y mettre le prix. De telles pratiques l'indignent; il prend parti pour l'individu contre la collectivité, et réagisant outre mesure, il est porté à allouer et il alloue une indemnité disproportionnée.

Quant aux expropriations d'urgence, nous estimons qu'il y a lieu de les conserver, mais de les limiter plus strictement que ne le fait la loi. Dans l'état actuel des choses, rien n'empêche, en effet, le pouvoir d'abuser du droit à lui conféré, et de considérer comme urgents des travaux qui ne le sont qu'à raison du désir qu'il a de les faire exécuter. Nous voudrions que la loi spécifiât nettement que la procédure d'expropriation urgente n'aurait lieu qu'à la suite de cas fortuits ou de force majeure dont la prévoyance humaine n'a pu empêcher ni la naissance ni le développement. Tels seraient les faits d'incendie, d'inondation, de chutes de montagnes, de rupture de voies de communication, de doublements de lignes ferrées pour prévenir les accidents, et autres qu'on pourrait déterminer. Bien entendu qu'en cas d'infraction à ces prescriptions, le décret qui aurait admis l'urgence pourrait être, dans la quinzaine qui suivrait, attaqué par la voie du recours contentieux, lequel aurait toujours un effet suspensif.

II

Ce n'est pas seulement dans les éventualités prévues par la loi de 1841 que l'intérêt général exige le sacrifice de la propriété privée à l'utilité publique. Il en est ainsi également lorsqu'il s'agit de chemins publics pour la construction desquels la dépossession des propriétaires n'est pas toujours soumise à l'expropriation, de chemins vicinaux de toutes espèces, chemins vicinaux ordinaires, chemins de grande communication, chemins d'intérêt commun. Il y a dans cette matière bien des améliorations à réaliser, bien des réformes à opérer, ainsi qu'on va aisément s'en rendre compte par l'examen de la législation qui nous régit.

C'est à l'autorité administrative qu'est dévolue la mission de faire la déclaration de vicinalité ou classement des chemins vicinaux. Un arrêté émané du préfet était jadis nécessaire pour classer ces chemins. Aujourd'hui depuis la loi du 10 août 1871, organique des conseils généraux, c'est à la commission départementale qu'il appartient de le prendre. Mais ce déplacement de compétence est sans influence sur les règles à suivre. L'arrêté administratif doit, aux termes de l'article 15 de la loi du 21 mai 1836, déterminer la largeur du chemin et ses limites. Autrement il serait incomplet, et de telles lacunes mettraient les propriétaires riverains, placés sous le coup d'une dépossession future, dans l'impossibilité d'apprécier l'intérêt qu'ils peuvent avoir à combattre la construction de la route qui va leur porter tort. Par la détermination de la largeur du chemin, nous entendons, non seulement la largeur actuelle du chemin, s'il en existe un, mais aussi la largeur à venir de celui qui devra être ouvert, élargi ou redressé. Cette interprétation est conforme au bon sens et à la nature des choses si l'on veut que les intéressés soient en mesure d'évaluer à l'avance le dommage qui va leur être causé.

L'administration ne procède pas toujours ainsi, nous avons le regret de le constater. Souvent, paraît-il, elle n'a pour but en classant un chemin vicinal, que de permettre de lui appliquer, comme ressources d'entretien, les prestations dans les conditions visées par la loi de 1836. En ce cas, il serait indispensable que les arrêtés de classement en fissent mention de la manière suivante : classé au point de vue de la répartition des prestations en nature ou en argent. De cette façon, les intéressés sauraient qu'il n'y a pas lieu, quant à présent, de se préoccuper d'une ouverture, d'un élargissement ou d'un simple redressement de la voie vicinale. Cela n'enlèverait nullement à l'autorité administrative le droit de procéder à un classement ultérieur, indicatif des travaux à exécuter. A défaut de la mention susénoncée, le classement devrait être réputé non avenu.

La jurisprudence admet que si la déclaration de vicinalité est incomplète quant à la largeur et aux limites du chemin classé, elle peut être rectifiée et complétée par un nouvel arrêté. Nous concevons très bien que les limites, lorsqu'elles ont été inexactement indiquées, soient l'objet d'une modification ultérieure, mais encore faut-il qu'il y ait eu une désignation desdites limites, A défaut de l'avoir faite, l'arrêté devrait être réputé nul.

Cette réforme, avec une aussi rigoureuse sanction, est de celles qui s'imposent. Les autorités administratives, en effet, en prennent beaucoup trop à leur aise pour l'accomplissement des formalités prescrites par la loi. Nous avons sous les yeux un arrêté d'un préfet d'un département du Centre, en date du 17 août 1870, qui déclare la vicinalité d'un chemin de Morogues à Aubinges, indique la largeur actuelle du chemin, et est muet sur celle qu'il y aura lieu de lui donner. Est-il possible de procéder plus irrégulièrement et avec un plus parfait mépris des dispositions de la loi? Ce n'est qu'en 1899 qu'ont commencé à se révéler des velléités d'exécution de travaux. Il n'est guère admissible qu'un tel arrêté, en lui supposant une validité originaire fort contestable, ait pu conserver une valeur légale quelconque après un délai de plus d'un quart de siècle.

Les conséquences qui de cet état de choses découlent sont trop graves, au point de vue de l'intérêt privé, pour que la solution consacrée par la jurisprudence administrative quant aux arrêtés de classement complémentaires et rectificatifs soit maintenue dans notre droit. Si la propriété privée doit être sacrifiée à l'intérêt général, encore y a-t-il lieu de restreindre ce sacrifice aux seules proportions indispensables. Aussi voudrions-nous que la loi édictât que tout arrêté de classement qui ne serait pas pris pour la répartition de prestations sur un chemin vicinal, ou pour reconnaître purement et simplement l'existence et les limites actuelles de ce chemin, fût considéré comme non avenu, dans les deux ans de la date où il serait devenu définif, si les travaux n'étaient pas commencés. Il y a, en effet, un intérêt économique de premier ordre à ce qu'il en soit ainsi. Le propriétaire, par cela même que son terrain est légalement incorporé à la voie vicinale par l'arrêté de classement, ne peut faire aucune amélioration agricole sérieuse sur sa propriété. Et durant un temps plus ou moins long la production reste en souffrance sur toutes les parcelles de terre annexées au sol des chemins vicinaux, ce qui dans toute l'étendue du pays, malgré la superficie peut-être minime de certaines de ces parcelles, ne laisse pas d'avoir une importance appréciable.

Les arrêtés de déclaration de vicinalité devraient être notifiés aux intéressés. C'était une formalité admise autrefois par la jurisprudence du Conseil d'État. Depuis la loi du 10 août 1871, qui édicte que les arrêtés de classement des chemins vicinaux doivent être communiqués aux intéressés, on se contente d'afficher ces arrêtés, et la communication est réputée faite en vertu de la jurisprudence administrative. Cette manière de procéder peut se concevoir pour les personnes domiciliées dans la commune, auxquelles l'affichage effectué ne peut rester étranger. Mais en est-il de même pour les propriétaires externes? Il y a cent à parier contre un que la plupart du temps, malgré leur vigilance, les non-domiciliés ignoreront de la façon la plus complète la publication des arrêtés de classement, et par conséquent ne seront pas en mesure de se pourvoir contre eux par les voies légales. Nous pourrions même citer de ce fait un exemple topique : le propriétaire, malgré les instructions précises qu'il avait données à son fermier, n'a pu être renseigné en temps utile. Et ce cas n'est pas unique, étant données les défectuosités du mode de publication administrative.

Un tel état de choses réclame un remède. Il y a donc lieu d'édicter une disposition formelle qui oblige l'autorité administrative à notifier aux propriétaires externes les arrêtés de classement des chemins vicinaux dans la quinzaine qui suit leur signature, et ce, à peine de nullité. Ce n'est pas que nous voulions paralyser l'action de l'administration, mais il est urgent de mettre un terme à des errements administratifs et jurisprudentiels dont les intérêts privés sont les victimes, étant trop souvent par suite mis hors d'état de se défendre.

La loi accorde contre la déclaration de vicinalité un recours par la voie gracieuse devant la commission départementale qui a le droit de rapporter sa décision, si l'exécution des travaux n'est pas commencée. L'intéressé peut aussi former appel devant le Conseil général en se fondant sur l'inopportunité et les inconvénients de l'arrêté de classement. Voilà pour les garanties de fait. Quant à celles dont le droit est l'objet, il y a le recours pour excès de pouvoir devant le Conseil d'État. Nous demandons que comme en matière de déclaration d'utilité publique, on lui attribue un effet suspensif, si l'on ne veut pas qu'il intervienne tardivement et d'une façon inopérante. Mais un recours contentieux dans les conditions que nous avons indiquées serait préférable.

Les effets généraux du classement des chemins vicinaux sont, lorsqu'il s'agit d'arrêtés de reconnaissance, d'assurer au public la jouissance plus complète de ces chemins, de les rendre imprescriptibles, et d'en mettre obligatoirement l'entretien à la charge des communes. Nous n'avons pas à critiquer les conséquences fort légitimes, dans cet ordre d'idées, que l'on fait produire aux déclarations de vicinalité, mais il en est d'autres beaucoup plus contestables qu'il nous faut examiner et qui appellent une réforme.

L'article 15 de la loi du 21 mai 1836 dispose que les arrêtés portant reconnaissance et fixation de la largeur d'un chemin vicinal attribuent définitivement au chemin le sol compris dans les limites qu'ils déterminent. Le droit des propriétaires riverains se résout en une indemnité qui est réglée à l'amiable par le juge de paix du canton sur le rapport d'experts nommés par le sous-préfet et le propriétaire, et en cas de désaccord, d'un tiers expert désigné par le juge de paix. La loi, du reste, n'a fait que consacrer la jurisprudence admise sur ce point sous l'empire de la législation antérieure. L'article 16 édicte que les travaux d'ouverture et de redressement des chemins vicinaux sont autorisés par arrêté du préfet (aujourd'hui de la commission départementale) et que s'il y a lieu de recourir à l'expropriation, le tribunal de l'arrondissement la prononce et désigne en même temps l'un de ses membres ou le juge de paix du canton pour présider, avec voix délibérative en cas de partage, un jury spécial de quatre membres chargé de statuer sur l'indemnité. Ce jury spécial, choisi par le tribunal sur la liste générale dressée pour les expropriations, se compose de quatre jurés titulaires et de trois jurés supplémentaires et l'administration ainsi que l'intéressé ont respectivement le droit d'exercer une récusation péremptoire.

Entre les prescriptions des articles 15 et 16 de la loi de 1836 il y a donc une différence profonde qu'il est difficile d'approuver en droit. N'est-ce pas une innovation bien grave que celle qui, dans le premier de ces textes, consiste à laisser à l'administration le soin de décider si telle ou telle personne sera dépouillée de son immeuble au hasard d'un tracé plus ou moins arbitrairement établi, alors qu'il est de règle que l'autorité judiciaire seule a qualité pour trancher les questions de propriété? La compétence et les garanties se trouvent ainsi radicalement modifiées; un simple arrêté administratif, contre lequel on n'a pu se défendre souvent que très imparfaitement soit par un recours contre la déclaration de vicinalité, soit par les observations qui ont été formulées dans les enquêtes *de commodo et incommodo*, entraine la dépossession lorsqu'il s'agit de l'élargissement d'un chemin vicinal! Cette exception au droit commun est exorbitante, et ce, d'autant plus qu'on a abusé de ces arrêtés de classement pour trouver le moyen d'améliorer, voire même de créer pour ainsi dire à bon compte des voies publiques au détriment des riverains sans leur attribuer la juste et préalable indemnité que prévoit notre législation.

Pour expliquer cette infraction aux principes, il faut admettre que le législateur a considéré que les parcelles de terrain à incorporer au domaine vicinal étaient de peu d'importance, qu'il n'y avait pas lieu, par suite, de s'en préoccuper plus que de raison, et que ce qui intéressait avant tout le pays, c'était de constituer au moyen de l'élargissement des voies vicinales existantes un réseau suffisamment spacieux et étendu pour faire communiquer entre elles les plus petites localités et faciliter le transport des personnes et des choses. En supposant que les services rendus par la loi de 1836 puissent rétrospectivement amnistier cette violation des principes, n'est-il pas opportun de réformer aujourd'hui de telles dispositions?

Il semble d'autant plus nécessaire de recourir à une modification législative sur ce point que nulle part la loi n'a défini l'élargissement, ni délimité l'étendue des parcelles que l'arrêté de classement annexe au domaine public communal. Le mot «élargissement» est susceptible d'une élasticité qui varie au gré des appréciations de l'autorité administrative, aucune disposition légale n'édictant qu'une superficie déterminée de terrain de deux, trois, quatre ou cinq ares par exemple, sera soustraite à l'application des prescriptions de l'article 15 de la loi de 1836. Si, sur une longueur de 500 mètres, on incorpore un mètre de terrain, cela n'a l'air de rien, et cependant la propriété est diminuée de cinq ares.

Actuellement la jurisprudence du Conseil d'État, se rendant parfaitement compte des dangereux abus auxquels on peut se livrer sous le prétexte d'élargir un chemin vicinal, admet que, quand l'élargissement est considérable, il doit être assimilé à un redressement ou à une ouverture de chemin régi par la loi de 1836, article 16 (Conseil d'État, 26 janvier 1870, 25 mars 1872, 13 juillet 1877, 8 juillet 1892). Ces décisions peuvent avoir une influence utile sur la pratique administrative, mais elles sont néanmoins insuffisantes pour sauvegarder les droits des propriétaires. Elles n'interviennent, en effet, que sur les recours pour excès de pouvoir dont l'effet n'est pas suspensif, et par cela même souvent après que la dépossession est consommée. D'un autre côté, la jurisprudence peut changer, ce qui arrive encore assez fréquemment en matière administrative, enfin les arrêts du Conseil d'État ne fournissent pas le criterium de superficie de terrain nécessaire pour constituer un élargissement du chemin vicinal, et cependant une règle bien nette à cet égard serait indispensable.

En présence des difficultés et des complications dè tout genre qui résultent de l'état de choses actuel, on est fondé à se demander s'il n'y aurait pas lieu de supprimer purement et simplement les dispositions légales qui régissent l'élargissement des voies vicinales pour en revenir au droit commun de l'article 16 de la loi de 1836. Les circonstances sont favorables à cette solution : notre réseau qu'il s'agit aujourd'hui plutôt d'entretenir que de développer, car il est presque intégralement constitué, n'aurait pas à souffrir de ce retour aux principes, et les intéressés ne pourraient qu'y gagner. Pourquoi, d'ailleurs, la loi de 1836 demeure-t-elle immuable, alors que le législateur, dans une loi postérieure relative à des chemins de moindre importance, a su parfaitement écarter le régime auquel sont soumis les chemins vicinaux?

Aux termes de l'article 13 de la loi du 26 août 1881 comprise dans le Code rural, à défaut du consentement des propriétaires l'occupation des terrains nécessaires pour l'élargissement des chemins ruraux ne peut avoir lieu qu'après une expropriation poursuivie conformément aux dispositions de l'article 16 de la loi de 1836. Certains auteurs trouvent tout naturel que la loi accorde plus de garanties aux propriétaires lorsqu'il s'agit de chemins ruraux que quand il s'agit de chemins vicinaux. D'après eux, la raison en est dans le degré d'utilité moins considérable que présentent les voies rurales. Ce raisonnement n'est pas même spécieux; il semble, en effet, que les chemins vicinaux ayant plus d'importance et d'étendue que les chemins ruraux, et par conséquent étant susceptibles, par leur élargissement, de porter une atteinte plus grave à la propriété privée, il y ait lieu d'attribuer aux propriétaires les mêmes garanties que pour les chemins ruraux. Ce n'est que par une véritable anomalie qu'on peut admettre que là où les intérêts sont le plus lésés, ils auront droit à une moindre protection légale. La conclusion naturelle à tirer de ces considérations s'impose à tout esprit sérieux: l'élargissement des chemins vicinaux désormais ne devra avoir lieu qu'après la procédure d'expropriation.

Le peu de documents dont nous disposons ne nous permet guère d'indiquer avec quelque ampleur ce qui se pratique chez les autres peuples. Nous savons seulement que la loi prussienne du 10 juin 1874 admet l'expropriation pour l'élargissement ou la rectification des voies publiques. Il en est de même aux États-Unis dans presque tous les États, et en Russie seulement pour les chemins de communication aboutissant aux voies ferrées conformément à un oukase du 14 avril 1887. En Suisse, à Zug, à Genève, les acquisitions de terrains pour la construction des routes donnent également lieu à l'expropriation.

Toutefois, pour ne pas suivre la méthode extrême «de tout ou rien», nous admettrions subsidiairement une solution intermédiaire qui n'en constituerait pas moins un progrès des plus appréciables. Nous demanderions que si l'élargissement et la rectification des chemins vicinaux venaient à prendre certaines proportions eu égard à chaque propriétaire, on recourût à l'expropriation pour cause d'utilité publique dans les conditions qui régissent leur ouverture et leur redressement. C'est l'étendue superficielle seule des terrains dont les intéressés devraient être dépossédés qui réglerait la question de la procédure à suivre. Nous dirions en conséquence, sans nous préoccuper des infiniment petits, que toute parcelle de deux ares entraînerait l'expropriation, mais que pour quelques mètres de terrain on continuerait à suivre les dispositions de la loi de 1836.

Nous arrivons à l'indemnité. Même au cas d'élargissement d'un chemin vicinal, elle doit être préalable à la prise de possession, à moins qu'il n'y ait eu une renonciation expresse de l'intéressé à cette condition essentielle. Il n'est légitime, en effet, de déposséder un propriétaire que si on l'a équitablement dédommagé du préjudice qu'il subit, et cette règle salutaire est applicable aussi bien pour l'élargissement des chemins vicinaux qu'en toute autre matière. C'est à la commune qu'incombe le soin de payer les indemnités sur ses ressources disponibles. Mais si elle n'a pas de fonds, il est nécessaire qu'elle en vote, au besoin même qu'elle contracte des emprunts amortissables par annuités pour acquitter sa dette. Si l'on se préoccupait suffisamment des questions financières avant l'arrêté de classement, ou même avant la confection du plan parcellaire, de manière à être en mesure de faire face au payement au moment de la prise de possession, on épargnerait aux communes et aux intéressés bien des difficultés. Il n'est pas sans exemple qu'un propriétaire dépossédé soit obligé d'attendre pendant de longues années le règlement de l'indemnité qui lui est due. La commune tergiverse, lui donne quelques maigres acomptes. Que faire? Le propriétaire qu'impatientent ces délais prolongés provoque une décision du juge de paix, qui lui sert de titre, mais trop souvent il n'est guère plus avancé qu'auparavant. On n'exécute pas un jugement contre une commune de la même façon que contre un particulier; on ne procède point par la voie des saisies-arrêts, des saisies-exécutions, des saisies immobilières. On n'a d'autres garanties de payement que l'action de l'autorité administrative.

Cependant il faut que le propriétaire soit en fin de compte indemnisé. Pour lui épargner les lenteurs regrettables, parfois les pertes dont il peut être victime, il est nécessaire, si la commune retarde ou refuse le payement dont elle est tenue, que l'on puisse l'y contraindre à bref délai. Il est donc indispensable que l'on inscrive d'office au budget communal la dépense relative à l'indemnité des propriétaires dépossédés, et cela alors même que le maximum des ressources spéciales destinées à éteindre les dettes de la vicinalité aurait été atteint. C'est en ce sens que s'était prononcé le Ministère de l'intérieur en 1839, mais depuis cette époque l'opinion contraire a prévalu dans les régions administratives. Cette interprétation des règles usitées pour l'extinction des dettes qui figurent parmi les dépenses communales obligatoires est cependant juste et équitable, et nombre d'auteurs l'admettent. L'indemnité due aux propriétaires riverains du chemin vicinal élargi procède de titres, et le sort de ces titres, leur valeur légale ne sauraient être subordonnés aux facultés du débiteur. Dans ces conditions, si la commune ne peut payer à l'aide de ses ressources ordinaires, elle doit pouvoir y être contrainte par les voies prévues à l'article 149 de la loi municipale de 1884, c'est-à-dire au besoin par une contribution extraordinaire établie d'office par un décret, ou par une loi dans le cas où cette contribution excède le maximum à fixer annuellement par la loi de finances. Sous le régime actuel où l'indemnité n'est pas préalable, un autre motif puissant milite en faveur de cette solution : c'est que la position du propriétaire, qui est dépossédé avant tout dédommagement, est assez pénible sans qu'on l'aggrave encore, quand le quantum de l'indemnité est une fois fixé, en lui faisant attendre indéfiniment le payement. Mais une disposition générale est nécessaire; il faut donc que dorénavant les dettes pour les indemnités de vicinalité soient spécifiquement classées parmi les dépenses communales obligatoires.

La loi de 1836 fixe à deux ans le délai de la prescription de l'action en indemnité. Ce délai paraît insuffisant: lorsque, en effet, les communes sont en retard pour le payement et n'ont versé aucun acompte, il arrive que bien des démarches sont faites, auprès du maire, du préfet, voire même du Conseil municipal, par les propriétaires en vue d'obtenir le versement des fonds qui leur sont dus. Or, si ces démarches sont restées infructueuses pendant deux ans, et qu'elles n'ont pas été accompagnées d'une action en justice, il peut arriver que la prescription soit acquise sans que les intéressés aient trouvé le temps de se prémunir contre elle par des actes interruptifs. Ces considérations nous font croire qu'un délai de cinq années serait préférable pour sauvegarder les droits de propriétaires sans nuire cependant aux intérêts bien compris de la commune.

III

Il est des cas où l'utilité publique n'exige pas que la propriété privée soit sacrifiée intégralement à l'intérêt général. Ce sont ceux dans lesquels le législateur se borne à lui imposer des restrictions, à la grever d'obligations de faire ou de ne pas faire, à lui faire supporter, en un mot, ce qu'on appelle des servitudes d'utilité publique. Ces servitudes, pour ne pas être aussi importantes, au point de vue de leurs conséquences dommageables, que l'est une dépossession, n'en constituent pas moins, pour le propriétaire, des causes de préjudice appréciable et de dépréciation des biens fonciers qui rendent la vente moins facile et moins avantageuse. Et cependant, dans la généralité des cas, d'après notre législation, les servitudes d'utilité publique ne donnent lieu au profit de ceux qui en supportent la charge à aucune indemnité! Est-ce conforme aux principes de la justice et du droit? Si l'on prend dans un sens exclusivement littéral l'article 545 du Code civil qui dispose que nul ne peut être privé de sa propriété si ce n'est moyennant une juste et préalable indemnité, on peut être tenté de se prononcer dans le sens de l'affirmative. Mais, à la réflexion, on ne tarde pas à reconnaître que si la propriété est démembrée et dépouillée en partie des droits et avantages qui lui sont propres, il y a là une sorte d'expropriation partielle de nature à amoindrir les profits dont doivent bénéficier légitimement ceux à qui elle appartient. Certes, ces sacrifices de l'intérêt privé à l'intérêt général sont nécessaires et forcés, et dès lors ne peuvent être supprimés, mais on ne comprend pas bien pourquoi ils ont lieu à titre gratuit, tout dommage comportant, en principe, une réparation.

Certaines de ces servitudes ont plutôt un caractère privé que public, et d'ailleurs, elles sont à la fois réciproques et fréquentes entre propriétaires voisins. Dans ces conditions, il nous semble qu'elles peuvent continuer sans inconvénient à ne pas faire l'objet d'une indemnité, ce qui est de règle dans notre législation. Il en doit être autrement de diverses servitudes de voirie, de l'obligation de fournir un chemin de halage le long des rivières navigables et flottables, de la servitude d'alignement qui a pour effet de contraindre le propriétaire à se conformer à un plan limitant à telle partie déterminée de son fonds le droit de construction ou de réparation qui lui appartient, et parfois même à démolir ce qu'il a édifié au mépris de l'alignement fixé administrativement. Les prohibitions de bâtir dans le voisinage des chemins de fer et d'y faire des dépôts, si ce n'est à une certaine distance, l'interdiction de construire dans un certain rayon auprès d'un cimetière, autour des places de guerre, des magasins à poudre de la Guerre ou de la Marine, nous paraissent aussi devoir donner lieu à une indemnisation. Il en est de même de l'obligation de livrer passage pour porter secours aux naufragés, aux inondés, aux incendiés, et de souffrir le dépit des objets sauvés, s'il en résulte un préjudice appréciable. La prohibition de faire des fouilles sur sa propriété dans un certain périmètre autour des sources d'eaux thermales ou minérales comporte également une indemnité. Mais beaucoup d'autres servitudes auxquelles cependant on attribue le titre de servitudes d'utilité publique ne sauraient donner lieu à dédommagement.

Les lois étrangères, à l'exception de la loi prussienne de 1874, ne paraissent pas s'être occupées des servitudes d'utilité publique en tant qu'éléments passibles d'indemnité. Celle-ci admet que le propriétaire ne peut subir de limitation à son droit de propriété sans être indemnisé.

A raison de la diminution de préjudice qu'implique en général l'expropriation partielle résultant des servitudes d'utilité publique en comparaison de celui que cause l'expropriation intégrale d'un immeuble, nous estimons qu'une procédure simplifiée suffirait pour sauvegarder les droits de tous les intéressés. L'administration et le propriétaire, après avis donné à ce dernier de la nécessité de constituer la servitude d'utilité publique, désigneraient chacun un expert, et en cas de désaccord, le juge de paix de la situation des lieux nommerait un tiers expert. Puis les parties iraient devant ce magistrat discuter, avec les formes habituelles, le quantum de l'indemnité. Dans le mois de la signification de la sentence, un pourvoi en cassation pourrait être formé.

Telles sont les réformes dont nous proposons l'adoption. Nous avons voulu, dans un but économique et juridique, restreindre les sacrifices auxquels la société privée est assujettie en vue de l'utilité publique, et quand cette restriction a paru impossible, nous avons demandé, pour le propriétaire, la légitime réparation du préjudice souffert. A ceux qui nous reprocheraient d'avoir dépassé les limites du sujet à traiter, nous répondrons : tout ce qui touche le droit de propriété, les garanties qui lui sont nécessaires, les cas où il doit être sacrifié à l'utilité publique, les formalités à accomplir pour réglementer ce sacrifice, l'indemnité qui en est la conséquence a un intérêt économique d'une aussi grande importance que ce qui concerne la libre circulation des biens. En cette matière plus qu'en toute autre, le droit et l'économie politique sont frère et sœur, et personne aujourd'hui ne méconnaît le lien intime qui les rattache l'un à l'autre.

La préférence que nous donnons à l'autorité administrative sur la loi elle-même pour la déclaration d'utilité publique, le recours contentieux à effet suspensif que nous attribuons aux intéressés dans un bref délai contre cette déclaration, la compétence subsidiaire, pour cette même déclaration que nous conférons subsidiairement à l'autorité judiciaire, sauf à simplifier la procédure, la sanction de la nullité contre toute irrégularité substantielle, semblent constituer d'utiles modifications à l'état actuel de notre législation. Des secours contentieux suspensifs contre les arrêtés préfectoraux désignant les localités et les parcelles à exproprier forment aussi des garanties appréciables. La restriction de la dépossession du propriétaire au but que l'on veut atteindre par l'expropriation, la limitation du droit d'extension de l'expropriant, l'obligation pour celui-ci de commencer les travaux dans un délai déterminé sous peine de nullité de la procédure, la détermination plus complète et plus équitable des conditions de l'indemnité préalable pour laquelle on ne doit tenir compte de la plus-value qu'avec plus de mesure qu'on ne le pratique actuellement, sont de nature à améliorer notre loi. Limiter les expropriations d'urgence, c'est encore un progrès et une digue opposée aux abus de l'arbitraire.

Pour les chemins vicinaux, la création de deux sortes d'arrêtés de classement, l'une ayant exclusivement en vue la répartition des prestations, l'autre destinée à réaliser l'ouverture, le redressement ou l'élargissement des voies vicinales avec l'obligation de déterminer la largeur et les limites du chemin, et pour l'entrepreneur, celle de commencer les travaux dans les deux ans de la date où l'arrêté serait devenu définitif, le tout sous peine de nullité, constituent incontestablement d'importantes améliorations. L'obligation de notifier la déclaration de vicinalité au propriétaire externe intéressé dans la quinzaine qui suit le jour où elle a été faite, le recours contentieux avec effet suspensif à exercer devant le Conseil d'État dans le même délai à partir de la décision du Conseil général sur l'appel relevé contre l'arrêté de classement de la Commission départementale sont également de sérieuses garanties pour les intéressés. La nécessité, en matière d'élargissement de chemins vicinaux, et en cas de désaccord de parties, de recourir toujours à la procédure d'expropriation de la loi de 1836, ou tout au moins d'en user lorsque la dépossession portera sur deux ares de terrain au minimum, le caractère préalable attribué à l'indemnité, l'inscription d'office, dans les budgets communaux, des sommes nécessaires pour assurer le payement des propriétaires, l'augmentation des délais de prescription pour l'action en recouvrement de ces créances constituent également des réformes d'une portée pratique évidente; grâce à elles, on peut espérer, en effet, remédier aux regrettables abus que nous avons signalés au cours de cette étude.

Enfin, ces modifications sont complètes, en ce qui concerne les principales servitudes d'utilité publique, par l'allocation d'une indemnité qu'au moyen d'une procédure simplifiée et rapide le juge de paix accorde aux intéressés, sauf pourvoi devant la Cour de cassation.

Certes, la matière que nous venons d'étudier comporte de délicates questions. Nous en avons fait un examen consciencieux dans l'intention surtout d'appeler sur elle l'attention de l'opinion publique, et nous nous estimerions trop heureux si nos idées obtenaient, dans un avenir suffisamment rapproché, l'adhésion du législateur.

www.ingramcontent.com/pod-product-compliance
Lightning Source LLC
LaVergne TN
LVHW010407240826
846091LV00020B/2831

9782013373951